PROGRÈS MORAUX

DE LA

POPULATION PARISIENNE,

DEPUIS L'ÉTABLISSEMENT

DE SA

CAISSE D'ÉPARGNE.

PARIS. — TYPOGRAPHIE DE FIRMIN DIDOT FRÈRES,
RUE JACOB, 56.

PROGRÈS MORAUX

DE LA

POPULATION PARISIENNE,

DEPUIS L'ÉTABLISSEMENT

DE SA

CAISSE D'ÉPARGNE;

PAR

LE BARON CHARLES DUPIN,

MEMBRE DE L'INSTITUT ET PAIR DE FRANCE.

C'est aux bons citoyens d'achever leur ouvrage.

PARIS,

FIRMIN DIDOT FRÈRES, LIBRAIRES,

RUE JACOB, 56.

Décembre 1842.

HOMMAGE

A LA MÉMOIRE VÉNÉRÉE

DE

S. A. R. LE DUC D'ORLÉANS,

BIENFAITEUR

DES CAISSES D'ÉPARGNE.

PROGRÈS MORAUX

DE LA

POPULATION PARISIENNE,

DEPUIS L'ÉTABLISSEMENT

DE SA

CAISSE D'ÉPARGNE.

Exposition faite lors de la fermeture des Cours du Conservatoire des Arts et Métiers, le 8 mai 1842, et lors de l'ouverture des Cours, le 27 novembre 1842.

Messieurs,

Il y aura dans peu de jours vingt-quatre ans accomplis depuis l'ouverture, à Paris, de la première caisse d'épargne fondée dans le royaume. Grâce à la persévérance de quelques bons citoyens, cette institution s'est par degrés popularisée ; elle a grandi, malgré des difficultés infinies, malgré l'obstacle d'une révolution, malgré les efforts d'une malveillance excitée trop de fois par l'esprit de parti. L'amour du bien a triomphé, et les succès ont dépassé nos plus confiantes espérances.

Pour que la caisse d'épargne produisît les excellents résultats qu'il était possible d'en obtenir, c'étaient les masses populaires, c'étaient les classes laborieuses qu'il importait surtout d'éclairer et de convaincre ; c'étaient elles qu'il fallait prémunir contre les suggestions perfides des hommes qui redoutent par instinct l'économie chez le peuple : ils la redoutent, parce qu'elle est peu favorable au désordre de tous les jours, et dans certains moments à des subversions sans bornes.

Nous avons essayé souvent de remplir auprès des classes ouvrières cette mission de bon conseil. Nous avons essayé de leur montrer les succès obtenus dans les jours de calme et de prospérité, puis les ressources préparées pour faire face aux jours de chômage, de cherté, de pénurie. Nous les avons rassurées, en 1837, contre les craintes qu'on cherchait à faire naître dans leurs esprits, sur la solidité du placement de leurs épargnes. Nous n'avons pas craint de démasquer, dès qu'il l'a fallu, l'hypocrisie des agitateurs, lorsqu'ils s'efforçaient d'entraîner les ouvriers vers l'espérance, impossible à réaliser, d'une aisance accrue par la diminution du travail, sans rien ajouter à l'industrie, en favorisant la paresse et la dissipation : le tout, osait-on affirmer, pour le plus grand bonheur du peuple! Cela se faisait à ciel ouvert, avec audace, non-seulement dans les années si malheureuses de 1831 et de 1832, mais en 1837, en 1839, en 1840 !

J'ai sondé les traces profondes des maux que la classe ouvrière a soufferts pour avoir cédé follement à de telles suggestions.

Aujourd'hui, Messieurs, notre mission est plus calme et plus heureuse. La paix règne dans la cité, comme au sein du royaume. Le travail, libre et respecté, produit ses résultats accoutumés; il donne à tous la subsistance; il élève le bon sujet au-dessus de la nécessité; il multiplie les familles qui jouissent du bien-être : en un mot, le travail, éclairé par le génie des sciences et fécondé par l'industrie, amène, pour les citoyens et pour l'intérêt public, des résultats de plus en plus fortunés.

En 1821, la France comptait 30 millions d'habitants; elle en compte aujourd'hui 34 millions. L'agriculture, sans cesse perfectionnée, pourvoit avec abondance à la nourriture de cette population toujours croissante; les ateliers et les fabriques suivent un progrès plus rapide encore. Le surplus des produits de nos arts utiles sert de base aux échanges d'un commerce extérieur plus grand qu'il n'a jamais été. J'en offre ici les résultats comparés dans un laps de temps de vingt années :

Exportations des produits français :

	En 1821.	*En* 1841.
1° D'agriculture et des mines ;	132 millions	198 millions
2° Des ateliers et des fabriques :	273 millions	562 millions

Il résulte de ce tableau qu'en vingt années seulement nos exportations se sont accrues :

1° De 66 millions, en produits d'agriculture et des mines ;

2° De 289 millions, en produits des manufactures.

Le département de la Seine présente des développements de population, d'industrie et de commerce supérieurs encore à ceux que nous venons de calculer pour l'ensemble du royaume.

Dans le même laps de temps que la population de la France entière s'est accrue d'*un septième*, la population du département de la Seine s'est accrue *de moitié*.

Dans le même laps de temps que les exportations de la France ont un *peu moins que doublé*, celles de Paris ont *plus que triplé*.

Voilà d'admirables progrès, qui démontrent les lumières et la puissance de notre industrie nationale, si constamment favorable au bien-être du peuple.

Cependant, au milieu de cette prospérité, gardons-nous de penser que tout soit parfait, que tout soit bien, ou seulement que tout soit passable. N'imaginons pas que le corps social n'éprouve plus de souffrances, et qu'il ne reste plus de plaies à guérir; notre erreur serait déplorable.

En signalant le progrès et les améliorations, mesurons les pas qui restent encore à faire. Indiquons le bien qu'on peut, dès à présent, produire. Montrons au peuple ce qu'il peut entreprendre pour lui-même. Montrons aux administrateurs ce qu'ils peuvent, ce qu'ils doivent réaliser en faveur du peuple : nous leur préparerons ainsi les moyens de se faire aimer davantage. C'est le plus noble présent qu'un citoyen puisse offrir aux dépositaires de l'autorité publique.

Commençons par nous former une idée juste du progrès des épargnes populaires pendant vingt-quatre années révolues.

La caisse d'épargne de Paris, fondée en 1818, a reçu, pendant les huit premières années de son existence, jusqu'à la fin de 1826, la somme de 24,930,000 fr. ;

Dans les huit années suivantes, de 1827 à la fin de 1834, époque des plus rudes épreuves, elle a reçu 44,679,000 fr. ;

Enfin de 1835 jusqu'à la fin de 1842, dans les huit dernières années, elle a reçu *deux cent cinquante millions!*

Pendant la première période, la totalité

des déposants ne s'était élevée qu'au nombre de 20,000 personnes; pendant la seconde, elle n'avait pas atteint le nombre de 49,000 personnes. A l'instant où je parle, le nombre des déposants approche de 150,000 !

Dans les deux premières périodes, il était possible encore de se faire illusion sur les classes de la société qui tournaient à leur bénéfice l'institution de la caisse d'épargne. On pouvait alors, vu le petit nombre des déposants, imaginer qu'ils appartenaient aux classes les moins occupées, les plus à leur aise; à celles qui trouvent plutôt leur bien-être dans un capital précédemment acquis, que dans les efforts incessants du travail quotidien.

Mais, actuellement, cette erreur n'est plus admissible. Dans le département de la Seine, qui compte aujourd'hui douze cent mille habitants de tout âge et de tout sexe; dans ce département dont les dépenses ne sont pas moindres *d'un milliard* par an, n'oublions pas un fait de la plus haute importance : si l'on prend la totalité des chefs de ménage dont les contributions s'abaissent jusqu'à 200 fr., et les revenus imposables, pour eux, leurs femmes et leurs enfants, à 15 ou 1,200 fr., on ne trouve pas en tout 23,000 personnes.

'Par ce seul fait vous jugerez que, pour former dans le département de la Seine une masse de 150,000 individus pouvant économiser et déposer le surplus de leurs bénéfices, il faut aller bien au-dessous des petits propriétaires : il faut porter la lumière *jusque dans les entrailles de cette partie du peuple qui vit de labeur journalier*. Essayons de pénétrer dans cette partie du corps social, en mesurant les épargnes et les facultés des familles.

L'habile administrateur qui conduit avec un ordre parfait les innombrables opérations de la caisse de Paris, M. Prévost, a conçu l'idée d'un relevé statistique ingénieusement combiné. Il a compris dans son travail tous les livrets nouveaux délivrés par la caisse de Paris, pendant l'année qui vient de s'écouler.

Afin de vous former une idée du labeur qu'exigeait une opération de ce genre, il me suffira de vous dire que, pour cette seule année, il a fallu classer et relever 34,303 livrets. On a pris la première somme inscrite en dépôt sur chacun de ces livrets, ce qui présentait un dépôt total de 6,147,271 fr. Ensuite on a calculé toutes les catégories dans lesquelles devait être subdivisée cette masse de déposants.

On en a formé huit sections, d'après les professions des personnes ; on a distingué, pour chaque classe, les déposants des deux sexes.

En examinant avec soin ce beau travail, j'ai trouvé qu'on pouvait le diviser en trois grandes sections.

J'ai réuni d'un côté les déposants qui, par leurs professions, appartiennent aux classes manouvrières, c'est-à-dire à celles qui vivent principalement du travail de leurs mains. Ensuite, j'ai réuni les déposants dont les professions supposent principalement l'intelligence, la direction, le commandement, avec le bénéfice des capitaux acquis par l'action de ces facultés; enfin, j'ai mis à part les déposants rentiers ou propriétaires. La comparaison de ces trois classes sera féconde en conséquences utiles.

SEXE MASCULIN.

Classes manouvrières.

Il y a quatre classes manouvrières. En suivant la force numérique des déposants à la caisse d'épargne, je trouve : au premier rang, les ouvriers proprement dits; au second rang, les domestiques; au troisième, les employés subalternes de bureaux, d'ateliers et de magasins; au quatrième, les sous-officiers et soldats de tous les corps qui stationnent dans le département de la Seine.

I. *Tableau des nouveaux déposants parmi les classes manouvrières, en* 1841.

CLASSES.	NOMBRES.	SOMMES.
1. Ouvriers................	10,563	1,715,912
2. Domestiques............	1,978	387,855
3. Employés inférieurs......	1,769	292,520
4. Sous-officiers et soldats...	1,370	331,677
	15,680	2,727,964

Classes intellectuelles.

J'en ai distingué quatre, qui, d'après le nombre des déposants, se présentent dans l'ordre suivant : les industriels patentés, chefs d'industrie ou de commerce ; les personnes adonnées aux professions libérales ; l'état-major de l'armée ; les employés civils supérieurs.

II. *Tableau des nouveaux déposants parmi les classes intellectuelles, en* 1841.

CLASSES	NOMBRES.	SOMMES.
1. Industriels patentés	2,323	499,255
2. Professions libérales........	1,079	208,245
3. État-major de l'armée.........	194	45,977
4. Employés civils supérieurs..	168	34,184
	3,764	787,661

Classes des capitalistes et des propriétaires.

Elles n'offrent que deux divisions, indiquées sous ces deux titres; des subdivisions plus multipliées auraient eu trop peu d'importance.

III. *Tableau des nouveaux déposants parmi les classes des capitalistes et des propriétaires*, *en* 1841.

CLASSES.	NOMBRES.	SOMMES.
1. Rentiers, pensionnaires des hospices, etc.	561	129,874
2. Propriétaires	214	46,217
Totaux	775	176,091
Personnes sans classification	56	10,442

Afin de faciliter la comparaison des résultats que nous venons d'énumérer, nous réunissons les totaux des trois tableaux qui précèdent et nous formons le tableau suivant :

Résumé général des nouveaux déposants, pour 1841.

	NOMBRES.	SOMMES.
1. Classes manouvrières......	15,680	2,727,964
2. Classes intellectuelles......	3,764	787,661
3. Classes des capitalistes et des propriétaires.........	775	176,091
4. Personnes sans classification.....................	56	10,442
Total général.......	20,275	3,702,158

J'appellerai maintenant votre attention sur la comparaison des trois classes sociales, qu'une jalousie étroite et honteuse s'efforce, à chaque instant, de présenter comme opposées d'intérêts et de prospérités.

Parmi les hommes que j'ai réunis sous le titre de *classes intellectuelles*, manufacturiers, marchands, chefs d'ateliers patentés, combien ont commencé par être simples ouvriers, simples garçons de boutique ou de bureau, simples copistes ou commis aux écritures! Ils avaient de l'intelligence, ils ont avancé; ils sont devenus les chefs de leurs professions respectives. Après chaque exposition des produits de l'industrie nationale, je me suis fait un devoir de vous présenter le tableau des justes récompenses qu'ont obtenues les chefs d'ateliers et de manufactures, qui d'abord avaient commencé par être ouvriers ou fils d'ouvriers; je vous ai signalé les médailles d'or et les croix de la Légion d'honneur équitablement décernées à leur constance, à leur activité, à leur génie. Tels sont les dignes représentants de l'industrie, dans la classe intellectuelle.

Des résultats non moins remarquables sont obtenus, dans le commerce, par les efforts des hommes qui partent du travail manuel pour s'élever aux plus hauts degrés de l'opulence, grâces à leur talent pour le calcul et pour les spéculations. A Paris, le fondateur d'une caisse commerciale de 50 millions est un enfant des classes manouvrières. Voilà, de ce côté, l'échelle possible et magnifique de votre avancement par le travail, le bon ordre et l'économie.

Élevez vos regards jusqu'aux illustrations qui sont l'œuvre des professions libérales. Allez au Louvre, contemplez, dans nos expositions annuelles, les travaux dignes d'admiration, dus à cette tribu d'artistes dont les noms, sortis de la foule, commencent pour eux une gloire qu'ils transmettront peut-être à leurs descendants, comme ont fait les Vernet, restés illustres pendant trois générations! Ah! combien d'entre eux sont les enfants des classes laborieuses! combien d'entre eux ont compté leur père et leur mère parmi les artisans qui vivaient du travail de leurs mains! Ces enfants, doués du génie des beaux-arts, en devenant peintres, sculpteurs, graveurs, architectes, n'ont pas acquis pour cela, soudain, la fortune ; beaucoup d'entre eux subsistent longtemps au sein de cette noble médiocrité, si respectable lorsqu'elle s'allie avec l'ordre et la vertu. Voilà de nos dépositaires, pauvres d'argent, riches de génie, et trop heureux quand ils peuvent égaler l'humble dépôt de l'artisan, puisqu'ils sont dès lors au-dessus du besoin. Ces dépositaires, dont la renommée proclame les œuvres, rangés à si juste titre parmi la classe intellectuelle, certes, ce n'est pas vous qui les renierez pour être des vôtres !

Une autre catégorie intellectuelle appartient à l'état-major de l'armée, depuis les sous-lieutenants jusqu'aux colonels et même aux généraux. Ces sommités de l'armée française, elles sortent aujourd'hui, pour plus des trois quarts, du rang des soldats d'abord, et puis des sous-officiers. Ils sont les enfants de leurs œuvres, de leur zèle, de leur courage et de leur intelligence. Accourez à Versailles ; entrez dans les salles des maréchaux et des grands généraux de notre siècle ; là, par une attention digne du génie créateur de ce monument des gloires nationales, vous verrez nos héros représentés sous deux aspects : après leurs batailles, décorés des titres qui rappellent leurs victoires et leurs conquêtes, revêtus de leur plus splendide costume, avec leurs grandes décorations, avec leur bâton de commandement, avec leurs trois ou leurs cinq étoiles ornant leurs grosses épaulettes, et ce ne sont pas là les portraits les plus intéressants ; mais vous les verrez partant pour sauver la patrie, avec leur prénom populaire, Nicolas (1), Jean-de-Dieu (2), Jean-Baptiste (3), Victor (4),

---

(1) Maréchaux Oudinot, Maison.

(2) Maréchal Soult.

(3) Maréchaux Jourdan, Bernadotte, roi de Suède, Bessières.

(4) Maréchal Perrin de Bellune.

Gabriel (1), François (2), Michel (3), André (4), Jean (5), vous les verrez avec leur uniforme de sous-officier ou de soldat, et leurs épaulettes de laine. Ici sont les enfants du peuple! Ici les portraits qui font battre le cœur aux apprentis de la charrue, aux enfants des ateliers, aux artisans qui reconnaissent, à ce point de départ, la classe manouvrière. Bientôt ces héros se distinguent; ils s'élèvent au-dessus de leurs frères d'armes, par leur génie militaire; ils avancent au nom de la justice; ils sont récompensés par la reconnaissance nationale. Voilà, dans sa vaillance et son talent, la classe intellectuelle, sortie du milieu de vous, par l'élection des combats; c'est le som-

(1) Maréchal Suchet.
(2) Maréchal Augereau.
(3) Maréchal Ney.
(4) Maréchal Masséna.
(5) Maréchal Lannes.

met de la France, c'est toujours du peuple français !

(Ce tableau de l'origine populaire de tant d'illustrations militaires est accueilli par des acclamations qui suspendent quelque temps les développements présentés par le professeur.)

Au lieu d'alimenter la basse envie et les discordes, dans le sein de la société, par des comparaisons odieuses, sur l'aisance obtenue, sur la considération possédée, sur les honneurs accordés aux diverses classes d'un ordre social où chacun monte en liberté, sans autres bornes que celles de ses vertus, de ses forces, de son génie; remercions plutôt la Providence, lorsque nous découvrons combien sa sagesse et son équité réservent de prix variés, gradués, nombreux, pour récompenser les travaux des hommes, l'utile emploi de leurs lumières et la splendeur de leurs vertus.

Au lieu de voir dans la classe ouvrière

une masse condamnée à végéter dans une insurmontable médiocrité, regardons-la comme une immense pépinière pour qui le sol généreux offre à tous les plants ses sucs nourriciers, non pas afin que tous restent abaissés au niveau de l'arbuste, mais afin que chacun, suivant sa vitalité, grandisse avec l'âge, et que tous les sujets de plus forte et plus féconde nature deviennent, avec le temps, ces arbres majestueux qui sont l'ornement et l'orgueil de la terre.

Encouragés par les premiers résultats de nos calculs et de nos observations, revenons, avec une satisfaction plus vive que jamais, à l'examen des faits qui démontrent la prospérité croissante des familles laborieuses, dans la ville de Paris.

D'après les énumérations dont je vous ai présenté les résultats, vous avez reconnu, Messieurs, combien la classe ouvrière l'emporte sur toutes les autres catégories, par le nombre des déposants et par l'importance des sommes déposées. Vous voyez combien étaient peu fondées les alarmes des personnes qui pensaient que les classes supérieures prédominaient abusivement dans les dépôts. Ces personnes croyaient que les capitalistes et les propriétaires entraient pour une part considérable dans les versements à la caisse d'épargne, tandis qu'ils n'y figurent pas dans la proportion *d'un douzième* du capital déposé.

Un nouveau rapprochement achèvera de détruire les mauvais effets d'une triste envie.

Les premières mises à la caisse d'épargne sont naturellement proportionnelles aux moyens d'économie des déposants, en ayant égard à leurs dépenses obligées, qu'il faut défalquer avant tout. Cette considération rend importants les deux tableaux qui vont suivre.

Rapprochement des premières mises faites par les diverses classes de déposants.

Classe manouvrière...........	173fr. 98c.
Classe intellectuelle............	209 27
Classe capitaliste : rentiers.....	224 46

Si nous prenons les proportions sur un total de 100,000 fr. entre les trois classes, dans les premiers versements à la caisse d'épargne, nous trouvons :

Proportions des premières mises totales versées,

Par la classe manouvrière...........	73,686 fr
Par la classe intellectuelle............	21,276
Par la classe capitaliste et propriétaire.	5,038
Total des 1res mises à la caisse d'épargne..	100,000

Comme on l'aperçoit par ce tableau, la classe des capitalistes et des propriétaires ne figure pas pour plus du vingtième dans le dépôt des premières mises à la caisse d'épargne. La classe intellectuelle, chefs d'industrie, chefs de commerce, chefs de l'armée, chefs des beaux-arts, toute cette élite de la société, ne figure que pour un cinquième aux premières mises ; le reste des premières mises, c'est-à-dire les trois quarts de la somme totale, est déposé par les classes manouvrières.

Voilà le grand, le beau résultat auquel nous avons travaillé sans relâche, soit en indiquant aux ouvriers le moyen de perfectionner, par l'intelligence et le savoir, le travail de leurs mains, soit en leur montrant les avantages de la prudence, de l'économie et de la prévoyance. Ils n'étaient, dans les premiers temps, qu'une faible minorité ; leur confiance s'est accrue avec leurs lumières, et maintenant ils présentent une immense majorité dans les tableaux de la prévoyance et de l'économie. C'est un bonheur pour nous que d'avoir à constater un progrès qui fait tant d'honneur au peuple de la capitale.

Si, des sommes déposées, nous passons au nombre des déposants, nous trouvons des résultats encore plus satisfaisants, les voici :

Proportion actuelle, par classes, sur 100,000 *nouveaux déposants.*

	NOMBRES
1. Classe manouvrière........................	77,337
2. Classe intellectuelle........................	18,565
3. Classe capitaliste........................	4,098
	100,000

Après vous avoir présenté ces considérations sur la mise à la caisse d'épargne par le sexe masculin, il faut nous occuper en particulier des dépôts opérés par le sexe le plus faible, par celui dont les travaux sont le moins rétribués, et qui, sous ces deux rapports, a droit à notre plus vif intérêt.

SEXE FÉMININ.

Tableau général des premières mises à la caisse d'épargne, par les femmes, en **1841.**

	NOMBRES.	SOMMES.
1. Classes manouvrières.	10,416	1,687,255
2. Classes intellectuelles......	1,935	396,683
3. Classes des capitalistes et des propriétaires........	1,473	323,815
4. Personnes sans classification connue.................	207	36,607
Totaux...........	14,031	2,444,360

Il serait superflu de reproduire, pour le sexe féminin, les mêmes considérations sur le parallèle des trois classes sociales que nous avons présentées pour le sexe le plus fort; la fortune de la femme suit la fortune de l'homme. Aussi voyons-nous, pour le sexe le plus faible, comme pour le plus fort, une très-grande supériorité numérique dans les dépôts dus à la simple classe ouvrière.

PARALLÈLE DES DEUX SEXES.

Nous pouvons maintenant comparer les dispositions qu'apportent les deux sexes à déposer aux caisses d'épargne. Il faut pour cela calculer les nombres respectifs de personnes de chaque sexe qui peuvent déposer en leur nom.

Si nous adoptons comme base le recensement le plus parfait qu'on ait opéré pour la ville de Paris (1), nous trouvons que la population, énumérée nominativement en 1817, l'année qui précédait l'institution de la caisse d'épargne, présentait les nombres suivants :

(1) Recensement de 1817, exécuté d'après les bases posées par le savant et célèbre Fourrier, qui fut depuis secrétaire perpétuel de l'Académie des sciences.

Individus susceptibles de déposer de leur chef à la caisse d'épargne (1817).

	SEXE MASC.	SEXE FÉM.
En mariage.............	128,589	»
En veuvage............	13,815	47,119
Célibataires de plus de 20 ans................	64,157	72,565
Totaux......	206,561	119,684
Proportions pour cent personnes............	63	37

A ces résultats, nous allons opposer les nombres de nouveaux déposants, dans une même année.

Nouveaux déposants effectifs (1841).

	SEXE MASC.	SEXE FÉM.
Classe manouvrière......	15,680	10,420
Classe intellectuelle.......	3,764	1,931
Classe capitaliste.........	831	1,670

Proportions pour cent qu'offrent les déposants des deux sexes.

CLASSES.	HOMMES.	FEMMES.	TOTAUX.
Classe manouvrière......	60	40	100
Classe intellectuelle......	66	34	100
Classe capitaliste.........	33	67	100
Ensemble de toutes les classes.............	59	41	100
Proportions des individus susceptibles de déposer de leur chef...........	63	37	100

Le rapprochement que nous trouvons dans les proportions totales des hommes et des femmes qui peuvent déposer de leur chef, et qui déposent en effet à la caisse d'épargne, est très-digne d'attention. Il nous fait voir que, considérée dans son ensemble, la partie économe de la population est presque dans le même rapport avec la population totale, soit pour le sexe masculin, soit pour le sexe féminin : mais l'avantage est du côté de ce dernier.

En présence de cette analogie dans les résultats généraux, on sera sans doute surpris que la proportion entre les rentiers et les rentières qui déposent à la caisse d'épargne soit inverse de celle des autres classes de déposants ; elle démontrerait en faveur des femmes une supériorité qui dépasserait toute proportion supposable.

L'étonnement cessera si l'on réfléchit qu'une grande partie des déposants désignés comme rentiers ou rentières doivent être des veufs ou des veuves. Or, nous voyons que, sur

10,000 personnes à l'état de veuvage, il y a :

Veufs...... 2,267

Veuves..... 7,733

Cette disproportion est plus grande encore que celle des rentiers et des rentières qui déposent à la caisse d'épargne ; parce que tous les rentiers et toutes les rentières qui versent leurs économies à cette caisse ne sont pas à l'état de veuvage.

Rentiers et rentières déposants.

Rentiers...	538	Proportion...	2,853
Rentières..	1,348		7,147
	1,886		10,000

Il faut maintenant comparer la valeur des premières mises à la caisse d'épargne, entre les différentes professions des femmes, des filles et des veuves.

Parallèle complet des premières mises, entre les personnes des deux sexes.

CLASSES.	SEXE MASC.		SEXE FÉM.	
	fr.	c.	fr.	c.
1. Manouvrière..........	173	98	161	93
2. Intellectuelle..........	209	27	209	92
3. Capitaliste............	224	46	215	09
Toutes les classes ensemble.	182	60	174	23

A coup sûr, en comparant ces résultats, on sera frappé des faibles différences entre les premières mises, même des simples ouvriers de l'un et de l'autre sexe. Malgré l'infériorité des salaires du sexe féminin, les premières mises de la classe intellectuelle sont de quelques centimes moins fortes chez les hommes, et l'on retrouve chez les femmes rentières ou propriétaires une mise inférieure seulement d'un vingt-quatrième à la mise des hommes. *Ici, comme dans le ménage, l'exemple de l'ordre, de la prévoyance et de la bonne conduite, vient du côté de la femme, bien plus encore dans les classes ouvrières que dans les classes supérieures : c'est un nouveau droit qu'elles ont à notre respect.*

Plus nous avançons, plus nous apercevons clairement que les bienfaits de la caisse d'épargne se répandent davantage parmi les parties laborieuses de la société. Ce qu'il y a de très-remarquable dans un tel progrès, c'est que la valeur moyenne des sommes possédées par les déposants augmente au lieu de diminuer, à mesure que la classe manouvrière se présente en plus grand nombre et que l'échelle des déposants s'élargit dans les degrés inférieurs de la société.

Aussi, voyez suivant quelle progression rapide les sommes capitalisées à la caisse d'épargne se sont accrues, depuis 1831 jusqu'à 1842!...

Sommes en dépôt à la caisse de Paris.

	Années.	Sommes.
Au 1er janvier	1831...	5,195,951
	1832...	4,733,369
	1833...	6,548,103
	1834...	12,581,367
	1835...	24,039,259
	1836...	38,065,420
	1837...	50,686,611
	1840...	63,250,114
	1841...	70,355,338
	1842...	83,485,427
1er mai	1842...	87,000,000
Fin de novemb.	1842...	90,000,000

Ce qui rend plus admirable encore une telle progression, c'est la grandeur des remboursements opérés pour suffire aux besoins, ou pour obéir aux terreurs inspirées dans une période de onze années, dont deux signalées par le fléau du choléra et quatre par le fléau des émeutes.

Remboursements annuels aux déposants de Paris.

Année	Remboursements	
1831...	3,318,369	
1832...	2,200,756	
1833...	3,066,741	
1834...	6,497,342	
1835...	10,762,879	
1836...	16,589,447	
1837...	25,713,565	Terreur panique excitée par les journaux.
1838...	19,426,688	
1839...	25,580,131	
1840...	32,141,894	Coalitions, agitations prétendues guerrières.
1841...	26,121,634	

Il est important de comparer la grandeur des secours présentés à la population parisienne, avec la totalité des dépenses employées à la bienfaisance publique, dans les hôpitaux et dans les hospices de la capitale.

Malades et convalescents secourus, correspondant à mille naissances annuelles.

En 1820.		En 1840.	
Aux hôpitaux.	1,786	Aux hôpitaux.	2,775
Aux hospices..	764	Aux hospices..	1,010
A domicile....	»	A domicile....	486
	2,550		4,271

Entretien des enfants abandonnés, recueillis et maintenus en vie, et des indigents, par mille naissances annuelles.

En 1820.		En 1840.	
Enfants abandonnés....	795	Enfants abandonnés....	761
Indigents..	3,495	Indigents..	2,816
	4,290		3,577
Total général des personnes secourues aux deux époques.	6,840		7,848

Ainsi, par un contraste remarquable, tandis que les secours sont accordés en 1840 à beaucoup plus de blessés, de malades, de convalescents et d'infirmes, qu'en 1820, la charité publique ne trouve, au contraire, à s'exercer que sur un nombre sensiblement moindre d'enfants abandonnés et de familles indigentes.

Les résultats qui précèdent rendent évidente une amélioration sensible dans le bien-être et la moralité de la population parisienne : dans le bien-être, parce que la partie indigente ayant besoin d'être secourue à domicile est diminuée au lieu d'être augmentée; dans la moralité, par la diminution du nombre des bâtards et surtout des enfants abandonnés par la cruauté des parents.

Tandis que la population acquiert un nouveau degré d'aisance, vous voyez aussi qu'elle est secourue suivant une proportion croissante et dans les hôpitaux et dans les hospices.

Dans les hôpitaux, une attention plus scrupuleuse permet de garder chaque individu moins de jours à titre *de malade*. En même temps, une charité nouvelle, admirablement entendue, vient au secours *des convalescents*, et leur assure des moyens d'existence pour les nourrir, en attendant qu'ils aient recouvré les forces nécessaires au travail. C'est à l'illustre Montyon qu'appartient cette pensée; c'est à lui qu'appartient le bonheur d'avoir pu doter magnifiquement cette nature de service populaire.

Dans la seule année 1840, la commission centrale instituée pour présider à la distribution des secours que peuvent réclamer les convalescents, a délivré :

En nature pour aliments, vêtements, literie, etc., valeur....................	100,821f.	40c.
En argent.............	62,320	05
Total, pour 15,409 convalescents secourus...	163,142f.	45c.

Considérons, ensuite, dans leur ensemble, les dépenses affectées aux hôpitaux, aux hospices, aux sœurs de charité, etc.

Bienfaisance publique, à Paris.

	En 1820.	En 1840.
Dépenses ordinaires..........	9,332,053f.	12,999,548c.
Dépenses extraordinaires......	368,230	3,932,739
Dépenses totales..	9,700,283	16,932,287

Proportions des sommes employées à la bienfaisance publique, correspondantes à la population qui produit, par année, un nouveau-né.

	En 1820.	En 1840.
Dépenses ordinaires.....	375f. 41c.	417f. 99c.
Dépenses extraordinaires.	14 81	130 47

L'énorme accroissement de dépenses extraordinaires a pour objet de bâtir, avec des améliorations et des assainissements remarquables, de nouvelles dépendances pour les anciens hospices, afin de suffire à des besoins qui s'accroissent en même temps que la population.

Déjà les remboursements annuels, opérés pour satisfaire aux besoins de la population parisienne, atteignent le total de vingt-six millions par année; tandis que les sommes dépensées par la munificence publique pour secourir les blessés, les malades, les infirmes, les indigents dans les hospices ou bien à domicile, ne s'élèvent pas à treize millions. Par conséquent, aujourd'hui, le peuple trouve dans ses propres économies un secours plus que double de tous ceux que l'opulence de la capitale peut offrir à la charité publique.

Voilà certainement un magnifique ensemble de résultats obtenus par vingt-quatre ans d'efforts de tous les bons citoyens, de tous les esprits éclairés, de tous les cœurs généreux, pour concourir au bien-être du peuple, pour ajouter à son aisance, pour soulager ses souffrances, et pour l'acheminer dans les voies de la vertu.

Gardons-nous de croire, toutefois, qu'après tant d'efforts nous soyons très-avancés dans cette carrière, et que nous n'ayons pas beaucoup à compléter dans un prochain avenir.

Nous avons fait remarquer la diminution sensible du nombre des indigents auxquels les bureaux de charité sont obligés de pourvoir.

Néanmoins l'état des choses est encore déplorable.

En rapprochant, profession par profession, les familles indigentes et les familles qui déposent à la caisse d'épargne, j'en ai pu conclure des résultats sur lesquels j'appelle votre plus sérieuse attention : *le présent et l'avenir du peuple parisien s'y trouvent pour ainsi dire mis à jour, profession par profession.*

HOMMES.

Parallèle du nombre des déposants à la caisse d'épargne avec le nombre des chefs de ménage indigents, secourus par les bureaux de charité, en 1841.

PROFESSIONS.	DÉPOSANTS à la caisse d'épargne	CHEFS de ménage indigents.	RAPPORT des indigents aux déposants.
Ouvriers employés par les arts alimentaires..........	5,160	136	3 p. 0/0
Serviteurs et domestiques..........	7,912	375	5 p. 0/0
Employés, écrivains.	2,620	140	5 p. 0/0
Ouvriers en bâtiments..........	8,432	2,186	26 p. 0/0
Ouvriers des arts vestiaires..........	8,312	2,533	30 p. 0/0
Arts industriels non spécifiés ci-dessus.	13,304	4,447	34 p. 0/0
Hommes de peine, journaliers........	7,044	3,396	48 p. 0/0
Tous les ouvriers pris ensemble........	42,252	12,708	21 p. 0/0

Remarquez, dans ce tableau, l'affligeante disproportion des indigents parmi les ouvriers en bâtiments, qui gagnent en général de si fortes journées. Remarquez une disproportion plus excessive encore parmi les ouvriers des arts vestiaires, les tailleurs, les bottiers, les cordonniers, etc. : toutes professions qui permettraient d'abondantes économies dans l'âge du travail, afin d'éviter l'indigence dans les vieux jours.

FEMMES.

Parallèle du nombre des ouvrières avec le nombre des femmes, chefs de ménage, qui reçoivent les secours des bureaux de charité.

PROFESSIONS.	DÉPOSANTES à la caisse d'épargne.	CHEFS de ménage indigentes.	RAPPORTS des indigentes aux déposantes.
Arts vestiaires . . .	13,552	3,003	22 p. 0/0
Autres arts industriels.	3,304	3,421	103 p. 0/0
Femmes de peine, journalières. . . .	1,688	2,610	155 p. 0/0
Totaux.	18,544	9,034	49 p. 1/0
Classe ouvrière, hommes et femmes réunis.	60,796	21,542	35 p. 0/0

A combien de réflexions douloureuses ne prête pas le rapprochement de l'extrême disproportion des déposants et des indigents, dans certaines classes du peuple, qui ne sont pas toujours les plus malheureuses, mais qui produisent leur propre misère par de funestes habitudes! Une autre fois, j'approfondirai ce déplorable sujet.

Après avoir jeté ces tristes clartés sur la proportion des premières mises à la caisse d'épargne entre les diverses classes de la société, suivons l'accroissement progressif des livrets.

Si chaque déposant ne mettait qu'une fois à la caisse d'épargne, il y aurait autant de versements que de livrets.

Maintenant, si l'on divise (pour une année) le nombre total des versements par le nombre des livrets existants, on aura le nombre moyen des versements par livret et par année. Voici les résultats que nous a donnés ce calcul :

Tableau successif des versements annuels, par mille livrets.

ANNÉES.	VERSEMENTS.	ANNÉES.	VERSEMENTS.
1818	1,400	1830	3,686
1819	16,340	1831	2,296
1820	4,939	1832	3,725
1821	3,173	1833	4,930
1822	3,878	1834	3,365
1823	2,860	1835	2,367
1824	3,757	1836	2,681
1825	4,058	1837	2,156
1826	4,234	1838	2,305
1827	4,583	1839	1,984
1828	4,859	1840	1,933
1829	4,209	1841	2,023

Vous remarquerez dans les versements, à travers des inégalités graduelles, une tendance progressive à les faire à de plus longs intervalles. Un tel ralentissement n'est pas produit par l'appauvrissement des déposants, puisque la valeur moyenne de chaque versement s'est par degrés augmentée au lieu d'avoir diminué. Ce fait devient évident à la seule inspection du tableau suivant :

Valeur moyenne des versements.

ANNÉES.	VERSEMENTS.		ANNÉES.	VERSEMENTS.	
1818	108fr.	60c.	1835	137	22
1823	51	56	1836	137	53
1830	45	65	1837	136	43
1831	43	59	1838	137	80
1832	68	02	1839	136	99
1833	61	62	1840	140	69
1834	122	88	1841	141	46

Nous pouvons, actuellement, apprécier l'intervalle moyen entre deux versements que fait un même déposant à la caisse d'épargne.

Intervalle de temps qui sépare deux versements consécutifs, par le même déposant à la caisse d'épargne.

ÉPOQUES des versements.	INTERVALLE entre deux versements consécutifs.	ÉPOQUES des versements.	INTERVALLE entre deux versements. consécutifs.
Années.	Semaines.	Années.	Semaines.
1819	8 2/10	1831	22 7/10
1820	12 4/10	1832	14 »
1821	16 4/10	1833	10 6/10
1822	13 4/10	1834	15 5/10
1823	18 2/10	1835	21 9/10
1824	14 »	1836	19 4/10
1825	12 8/10	1837	24 1/10
1826	12 3/10	1838	22 6/10
1827	11 3/10	1839	26 3/10
1828	10 7/10	1840	26 2/10
1829	12 4/10	1841	25 7/10
1830	14 1/10		

Nous avons les plus graves objections à faire contre des versements qui ne se renou-

vellent, valeur moyenne, que tous les six mois. A combien de tentations pour de folles dépenses les ouvriers ne sont-ils pas exposés, lorsqu'ils ont des sommes sous leur main, qui s'accroissent chaque jour pendant six mois ! Il faut résister à l'entraînement des plaisirs de vingt-cinq dimanches, et, ce qui semble bien plus fort, aux libations supplémentaires de vingt-cinq lundis et d'autant de mardis, avant de se résoudre à faire un versement à la caisse d'épargne. Je ne m'étonne plus que, sur *cinq cent mille* personnes aptes à capitaliser leurs économies, après vingt-quatre ans de progrès, on n'ait pas encore dépassé le chiffre de *cent cinquante mille* déposants : c'est le contraire dont j'aurais lieu d'être surpris.

Il y a dix-huit ans, la durée des dépôts à la caisse d'épargne était seulement de deux ans et huit mois ; elle n'est encore aujourd'hui que de cinq ans et sept mois. Voilà donc tout le progrès qu'a fait, dans la cinquième partie d'un siècle, le peuple de Paris vers l'économie, la prévoyance et la persévérance! S'il s'améliorait toujours avec la même lenteur, *dans cent ans d'ici*, la durée moyenne des dépôts à la caisse d'épargne ne serait encore égale qu'à dix-huit ans et huit mois. Elle serait encore inférieure à la moitié du temps utile, entre vingt et soixante ans, à l'époque où l'homme peut, dans la vigueur de l'âge, économiser afin de subsister sans pénurie, et de prévenir l'indigence lorsque arrive la vieillesse, lorsque les infirmités ou l'affaiblissement des facultés physiques et morales empêchent l'ouvrier de gagner chaque jour sa vie, à la sueur de son front.

J'étais profondément préoccupé de l'importance d'assurer la persistance des dépôts à la caisse d'épargne; je pressentais le besoin d'encourager la classe ouvrière à persévérer dans les voies de l'économie, lorsque j'ai pris part, comme rapporteur, à la préparation de la loi sur la caisse d'épargne. J'aurais voulu qu'on pût donner une récompense, quelque faible qu'on l'accordât, aux frais du trésor public, pour obtenir un résultat si précieux. Mais j'ai trouvé les financiers effrayés par la pensée *des énormes accumulations* qui devaient s'ensuivre, si l'on arrivait à maintenir les mêmes déposants pendant vingt-cinq ans, pendant trente ans, et même pendant quarante années. Hélas! tandis que nous disputions ainsi, préoccupés follement des immenses dangers qu'offrait l'excessive multiplication de dépôts *par trop durables*, en 1834 et 1835, la durée moyenne des livrets qu'on retirait alors de la caisse d'épargne était seulement égale à *trois ans et dix mois*; et l'on avait peur de trente ans!...

Oh! que le parlement britannique a bien plus sagement agi! qu'il s'est montré plus clairvoyant et plus impunément généreux, en déclarant que tout individu qui déposerait, sans discontinuer, 6 fr. seulement par mois, à la caisse d'épargne en commençant avant trente ans, et continuant jusqu'à soixante, recevrait *cinq cents francs* de rente, pour tout le reste de sa vie, aussitôt que le déposant deviendrait sexagénaire.

Sans élever mes vues si haut, ni me croire le crédit de faire adopter une mesure si sage, si bienveillante et si peu ruineuse, j'aurais du moins souhaité qu'on ne limitât point trop bas l'accumulation possible par un même déposant. On a voulu que, dans aucun cas, la somme en dépôt ne pût excéder 3,000 fr. Mais, Messieurs, 3,000 fr. de capital à 3 3/4 p. 0/0, frais d'administration déduits, c'est seulement 112 fr. 50 cent. par an, c'est 30 cent. 8/10 par jour qu'on permet d'accumuler comme limite extrême aux ouvriers déposants. Telle est la richesse dérisoire qu'on leur permet de thésauriser pour suffire aux nécessités de l'âge, soigner leurs infirmités, payer à la fois loyer, habits, meubles, chauffage et nourriture, et tout cela, dans la vieillesse, avec six sous par jour! Je demandais avec instance qu'une fois les 3,000 f. accumulés en douze ou quinze ans par un ouvrier, on lui permît du moins, si l'on refusait d'ajouter par de nouveaux dépôts à ce capital, de laisser les intérêts, les petits intérêts de 3 3/4 p. 0/0, s'accumuler sans réserve, pour lui faire un moins misérable revenu quand viendra l'époque de la décrépitude et du chômage obligé. Des millionnaires se sont effrayés de ma demande en faveur du nécessiteux, et je n'ai pas été plus heureux dans cette humble et dernière requête.

Comme on prend aux qualités, au bien-être des chevaux un honnête et juste intérêt, on a conçu la pensée de leur accorder des récompenses d'honneur, ou du moins à leurs possesseurs. On distribue chaque année des primes superbes pour les chevaux qui, sans penser à rien, font le plus grand nombre de pas dans une heure; et nous refusons d'accorder la plus humble prime aux hommes qui feront le plus de pas dans le chemin qui crée pour la classe ouvrière le bien-être et le bonheur, dans le chemin qui rend la vertu plus facile; et nous ne rougissons pas de cet abominable égoïsme? Oh! que nous savions bien mieux nous y prendre *lorsqu'il s'agissait d'encourager le peuple au vice*. Rappelez-vous la loterie! que n'avait-on pas imaginé pour la faire adorer des classes laborieuses? Afin de mettre la corruption à la portée du pécheur, on avait établi, pour Paris seulement, cent bureaux, habilement disséminés dans les lieux les plus tentateurs. On multipliait les tirages, ainsi que les roues de Paris, de Lyon, de Strasbourg, de Lille, chacun à son jour différent, afin d'obtenir autant d'époques rapprochées pour *le jeu du peuple*, pendant la même quinzaine.

Ce n'est pas tout : une arithmétique ingénieuse avait calculé les probabilités de sortie des numéros 1 à 1, 2 à 2, 3 à 3, 4 à 4 et 5 à 5. C'était l'extrait, c'était l'ambe, le terne, le quaterne, et finalement le quine ! le quine, à jamais célèbre parmi les petits joueurs ; le quine, ce *nec plus ultrà* de la bonne fortune, avec lequel vous pouviez vous procurer *un million, un million comptant*, avec le sacrifice insensible de quelques sous : pourvu que le bonheur vous arrivât. Quand vous aviez seulement le quaterne ou le terne, quand vous étiez humblement réduit à ne gagner qu'une centaine, une trentaine, une vingtaine de mille francs, et cela pour la mise la plus modeste, alors, afin d'achever l'enchantement de la foule, la musique des aveugles, symbole parlant de la fortune, le front ceint de rubans aux mille couleurs, promenait son harmonie par les rues et les carrefours, jusqu'à la demeure du bienheureux portier, ou de la fortunée cuisinière qui venait de gagner un gros lot ! C'était à perdre la tête au fond de tout un quartier, pendant le reste de l'année.

Avec les moyens ingénieux de cette énorme largesse, pour des lots infiniment rares, ne croyez pas que le trésor y perdît. Afin de fixer vos idées par des résultats positifs, il me suffira de vous dire qu'en 1818, dans l'année même où la caisse d'épargne commençait à recevoir quelques dépôts imperceptibles, les sectateurs de la loterie, dans la seule ville de Paris, aventuraient la somme totale de 29,371,000 fr., et le gouvernement encaissait 6,600,000 fr. sur l'argent des imbéciles qu'attirait la théorie créée pour piper les dupes, au sein des classes ignorantes.

En 1820, les choses allaient mieux encore : les gros lots ne donnaient pas. Sur 29,036,000 fr. de mises, les joueurs perdaient et le gouvernement gagnait 9,253,000 fr.

Eh bien, je ne demande, en faveur des

vertus du peuple, ni triomphes, ni rubans, ni musique bonne ou mauvaise; je ne demande ni millions, ni gros lots. Je demande que l'administration de la capitale, et, s'il le faut, le trésor public, accordent les encouragements les plus humbles et les plus légitimes. Je demande que la ville de Paris, qui possède en revenu près de 50 millions, daigne concéder quelque chose de plus qu'une misérable subvention de 15,000 fr. par an, pour concourir à défrayer les bureaux de la caisse d'épargne.

Avec une centaine de mille francs on pourrait arriver jusqu'à posséder un bureau succursal par quartier pour cette caisse : ce ne serait encore que *quarante-huit bureaux*, et la loterie en comptait *cent*. Lorsqu'on mettrait ainsi les lieux de recette et de payement à proximité de la classe ouvrière; lorsqu'elle n'aurait que très-peu de minutes à perdre pour déposer son argent et même pour le retirer, elle ne passerait plus, comme elle le fait aujourd'hui, *six mois,* six grands mois, avant de se décider à se mettre en marche pour apporter ses économies. Les sommes qu'elle dissipe aujourd'hui, parce qu'elles lui restent sous la main pendant *vingt-six semaines*, si la classe ouvrière les déposait à mesure qu'elle les acquiert, elle ne songerait pas même à les retirer, ou du moins elle y réfléchirait longtemps. Si le déposant était marié, lorsqu'une fois la ménagère tiendrait le livret sous clef, il faudrait des explications sévères, et prolongées, avant qu'elle accordât aux fantaisies du mari la faculté d'y porter la main pour des motifs de réjouissance, de banlieue, de barrières, de fêtes, de dimanches, de lundis, de mardis, en un mot, tous les motifs accoutumés.

A l'égard du gouvernement, je voudrais qu'en faveur de la classe ouvrière, et pour les placements faits peu à peu, régulièrement, depuis au moins dix années, il accordât la faculté d'accroissement des dépôts au delà de mille écus, par la simple addition des intérêts composés à 4 p. 0|0 complets : par cela seul que les livrets, se trouvant pour ainsi dire immobilisés à partir de la limite atteinte par le capital, n'exigeraient plus aucuns frais pour des versements nouveaux.

Voilà ce que je voudrais obtenir, pour commencer, en attendant des mesures plus efficaces.

Afin de vous montrer, par un exemple mémorable, tout le bien que peuvent produire les encouragements qu'a fait naître une intelligence supérieure, inspirée par un noble cœur, permettez-moi de rappeler à votre juste gratitude un acte de munificence de Celui qui devait hériter d'un trône, de Celui qui voulait attirer sur son mariage avec la plus accomplie des princesses, les bénédictions du peuple, et pour qui le peuple a montré, depuis sa mort, un amour qu'il n'aurait jamais osé croire si grand pendant sa vie!

En 1837, au moment où les ennemis de la paix sociale s'efforçaient, avec tant d'hypocrisie, de décréditer la caisse d'épargne et d'en tarir le trésor par des retraits auxquels poussait une panique stupide, perfidement fomentée, un noble prince, élevé parmi nos enfants, dans le sein de nos écoles nationales, grandi parmi nos soldats, en partageant leurs périls, en s'apprenant à leur montrer le chemin de la victoire, cet illustre ami des ouvriers tourne les yeux vers les élèves de nos fabriques et de nos ateliers; il veut leur inspirer la confiance dans la plus salutaire de nos institutions utiles, il veut les initier à l'esprit d'ordre, de prévoyance et de sage économie.

Il ordonne que 160,000 fr. *de ses épargnes* soient ajoutés aux épargnes des enfants du peuple. Il partage ce présent entre les grandes cités manufacturières, Paris, Lyon, Strasbourg, Toulouse, Bordeaux, Rouen, etc. Il prescrit de subdiviser son offrande par pièces de 20 fr., dotation première d'autant de jeunes apprentis choisis parmi les familles qui se font à la fois honneur du travail et de la vertu. Ces intentions généreuses sont aussitôt réalisées avec zèle et fidélité.

A la fin de l'année dernière, MM. les administrateurs de la caisse d'épargne de Paris ont voulu savoir combien, depuis quatre ans et demi, cette dotation avait pu croître ou diminuer. Ils ont trouvé que sur 1,760 jeunes déposants, la mort et d'autres causes en avaient réduit seulement le nombre à 1,698. A l'égard des 40,000 fr. partagés entre les jeunes déposants parisiens, loin de les trouver diminués, ils ont constaté que la somme s'était élevée à 137,000 fr. !... Voilà, du côté des obligés, la bénédiction répandue sur la munificence la plus royale qui pût encourager au travail, à l'ordre, à l'économie, les enfants des familles manouvrières. Les ouvriers enorgueillis ont regardé les livrets donnés au nom du prince, comme des brevets d'honneur, comme des titres de famille qu'il fallait conserver précieusement, et qu'il fallait grossir par l'épargne, pour justifier l'espérance du généreux donateur.

Quels mystères supérieurs à notre faible sagesse sont renfermés dans les décrets impénétrables de la Providence ! La beauté, la santé, la force, la raison, la valeur, la bienfaisance et l'illustration, tous les attributs du bonheur et de la grandeur président à l'union la plus fortunée ; tout un peuple en attend la félicité pour la génération de nos fils ! et voilà qu'en pleine paix, au milieu d'un calme parfait, l'accident le moins prévoyable renverse tant d'espérances, et fait périr dans son printemps cette fleur de la jeunesse française, qui promettait, qui donnait déjà des fruits si glorieux pour la patrie.

O mes chers concitoyens, ce trésor si rare et le plus précieux de tous pour un prince qui doit régner, la reconnaissance nationale, si bien méritée par la valeur chevaleresque, par l'affabilité toute humaine, par la générosité toute royale de Celui qui n'est plus, qu'elle se reporte sur sa Veuve et sur ses Orphelins, accrue par l'amour de la vertu chez les citoyens, comme le présent du prince s'est accru pour nos enfants.

Ainsi nous payerons dignement une dette nationale, ainsi nous mériterons que d'autres princes fassent revivre, avec plus de bonheur pour eux, espérons-le, la bienfaisance admirable de celui qu'un peuple entier a pleuré!

Quels que soient les secours intelligents accordés, par des citoyens illustres ou par le législateur, aux familles des ouvriers, c'est en elles-mêmes que ces familles doivent chercher leurs plus grands, leurs plus puissants moyens de bien-être et de prospérité.

C'est pourquoi, maintenant, éclairé par les résultats qui constatent la lenteur déplorable des dépôts dont j'ai calculé les versements paresseux, je m'adresse à la classe ouvrière elle-même, pour lui faire apercevoir combien elle nuit à ses propres intérêts en n'apportant *que tous les six mois* ses économies à la caisse d'épargne : économies dont aujourd'hui la valeur moyenne n'est pas moindre de *cent francs !* Est-ce que *seize* fr. placés chaque mois ne vaudraient pas la peine d'employer une heure le dimanche pour les porter à la caisse d'épargne? Si le peuple voulait accepter le conseil que je lui donne ici, je suis persuadé que le chiffre total des versements s'accroîtrait soudain avec rapidité. Les familles laborieuses jouiraient plus vite et plus complétement d'une économie mieux entendue. L'argent qui reste au logis, et passez-moi le mot, *qui traîne* dans la chambre de l'ouvrier, ne courrait plus le risque d'être volé, pas plus que le risque d'être dissipé, ni d'être emprunté par quelque obligeant camarade, bon vivant et consommateur! autre source de retards, de mécomptes, et souvent de pertes sans remède.

Je trouverais tout naturel, ensuite, que l'ouvrier eût recours à la caisse d'épargne, pour suffire à ses besoins imprévus, au payement de son loyer, à ses habillements d'hiver ou d'été. *Il s'accoutumerait à regarder l'administration de la caisse d'épargne comme la banque du peuple.*

Alors cette caisse entrerait en rivalité réelle, ou plutôt en émulation avec le *Mont-de-piété*.

J'ai précédemment démontré que le mont-de-piété, source de dépenses abusives pour les ouvriers vicieux, était une ressource précieuse pour les familles honnêtes que pressaient des besoins imprévus.

Non-seulement le peuple dépose ses effets au mont-de-piété, avec l'intention de les retirer aussitôt qu'il en aura la faculté, mais il réalise son dessein avec une ponctualité remarquable.

Pendant les quatre dernières années, les effets engagés au mont-de-piété représentent une valeur totale de 88,544,396 fr.

Eh bien, dans ces quatre années, le total des effets vendus ne représente qu'une valeur de 5,650,695 fr.

Par conséquent, sur 100 fr. d'effets déposés au mont-de-piété, le peuple en retire pour 93 fr. 50 cent., et n'en laisse vendre que pour 6 fr. 50 cent..

Si nous voulions comparer la situation du mont-de-piété, en 1818, époque où l'on fonda la caisse d'épargne, et dans l'année 1841 qui vient de s'écouler, voici ce que nous trouverions (1) :

(1) En remarquant que le mont-de-piété, comme la caisse d'épargne, sert aussi pour la banlieue et tout le département.

Département de la Seine, population :

En 1818..... 822,171 En 1841..... 1,200,000

Dépôts au mont-de-piété.

	fr.		fr.
En 1818.....	18,209,612	En 1841.....	23,575,179

Engagements au mont-de-piété par 100,000 *habitants du département de la Seine.*

	fr.		fr.
En 1818.....	2,214,900	En 1841.....	1,964,600
Frais : 8 p. 0/0.		6 p. 0/0.	
	176,192		117,876
Reste.....	2,038,708		1,846,724

Ainsi, vous le voyez, les progrès vers la diminution des engagements au mont-de-piété sont encore à peine sensibles. Mais l'habile administration qui dirige cet établissement a multiplié les facilités pour le dégagement et la diminution de l'intérêt à percevoir. Cet intérêt, tout réduit qu'il est, présente encore, à la fin de chaque année, un bénéfice sensible.

Pour la seule année 1840, le mont-de-piété de Paris a pu verser dans la caisse des hôpitaux, un bénéfice de 195,542 fr. Je ne saurais laisser passer sans objection cet emploi du fruit des misères et trop souvent du désespoir parmi le peuple. Pour la ville de Paris, c'est un devoir de défrayer ses hôpitaux; mais quand elle y subvient avec des sommes prélevées sur la détresse des pauvres familles dont il a fallu vendre les effets, je ne puis, je l'avoue, tolérer *cette bienfaisance en partie double, qui dérobe à la pauvreté de quoi soigner la maladie*. J'emploierais plutôt cette somme à racheter chaque année les effets des familles les plus honnêtes et plus misérables, ou j'en ferais présent aux caisses d'épargne, pour en diminuer les frais d'administration.

Messieurs, j'ai tâché de vous montrer clairement les progrès moraux qu'offre le peuple de Paris, depuis un quart de siècle.

Au commencement de cette époque, il

jouait par année 29 millions de francs à la loterie, il n'y joue plus;

Il perdait de 6 à 9 millions à ce jeu funeste, il ne les perd plus;

Il trouvait des maisons de jeu, scandaleusement autorisées ou tolérées, pour dévorer l'extrême opulence du riche et le dernier centime de l'artisan : il ne les trouve plus sur le chemin de sa ruine : nos lois les ont abolies;

Il ne mettait rien à l'épargne, il y met aujourd'hui 36 millions par an;

150,000 individus sont déjà dépositaires, et chaque année le nombre moyen s'en accroît de 12 à 14,000;

Par un progrès doublement rapide, la proportion des classes manouvrières d'abord déplorablement faible, lorsque peu de personnes allaient à la caisse d'épargne, s'élève à présent aux trois quarts de ce grand nombre de citoyens économes qui confient leurs dépôts à la probité nationale;

Le nombre proportionnel des indigents, au lieu d'augmenter, diminue, a insi que celui des bâtards, mais avec une lenteur déplorable ;

Au commencement de l'époque dont nous résumons les progrès, le peuple de Paris abandonnait chaque année 205 enfants sur 1,000 nouveau-nés ; il n'en abandonne plus que 120 : c'est beaucoup moins, et pourtant c'est *cent vingt* fois trop ;

Aujourd'hui les rues, les places publiques ne sont plus déshonorées par l'aspect dégoûtant de ces créatures cyniques qui sollicitaient en plein jour, au nom des débauches vénales, le désœuvrement, la faiblesse et l'inexpérience.

Encore aujourd'hui, le tiers du peuple vit dans le concubinage ou dans le libertinage ; un tiers de ses enfants sont bâtards ; un tiers de ses morts expire à l'hôpital ou sur le grabat du pauvre ; et ni père, ni mère, ni fils, ni filles, n'ont le cœur, pour dernier tribut humain, de donner un cercueil, un linceul au cadavre de leurs proches : du côté des mœurs, voilà Paris, et Paris amélioré !...

Voilà le côté des bons résultats ; voici le mauvais côté :

Dans la cité des Crésus, ne soyons pas surpris de la misère, *la dissipation* l'enfante. Les deux tiers du peuple ne prennent pas encore part au bienfait des caisses d'épargne ;

L'autre tiers n'apporte ses économies à la caisse *qu'une fois en six mois :* c'est un immense sujet de perte ;

Les déposants actuels ne persistent encore à conserver leur dépôt que pendant cinq ans et demi, valeur moyenne ;

De sorte que la caisse d'épargne, au lieu d'être le trésor perpétuel du peuple, n'est en réalité, pour la masse, *que la lanterne magique de ses économies passagères.*

Pour obvier à cet énorme inconvénient,

il faut encourager la persévérance ; il faut la recommander infatigablement ; il faut l'honorer, la faciliter, la récompenser ;

Il faut demander à l'administration départementale, et même au gouvernement, des moyens suffisants pour atteindre ce but :

Ce sera le plus politique et le plus fécond des encouragements.

Un grand exemple, celui de LL. AA. RR. le duc et la duchesse d'Orléans, fait voir combien est fertile et généreux ce terrain des cœurs français, lorsqu'on y sème le bienfait.

Sans attendre des secours extérieurs, officiels ou privés, plus ou moins actifs et plus ou moins efficaces, nous tous, professeurs, de concert avec vous, chefs de tous les ateliers, maîtres de toutes les fabriques, ministres de tous les autels, administrateurs de toutes les institutions, il nous faut agir sur le peuple, lui demander avec chaleur de s'encourager lui-même, de se récompenser lui-même, de se rendre tout seul plus persévérant, plus courageux, plus prévoyant, et par là meilleur père, meilleur époux et meilleur citoyen.

Voilà les besoins et les devoirs que j'ai pris la liberté d'exposer devant l'élite des administrateurs, des savants et des industriels de la capitale. Puissent-ils juger, dans leur indulgence, que ma voix n'est pas restée au-dessous du noble sujet que je n'ai pas craint d'aborder! leur bienveillante affection sera pour moi la plus précieuse et la plus chérie des récompenses.

FIN.

www.ingramcontent.com/pod-product-compliance
Lightning Source LLC
LaVergne TN
LVHW020448230826
846091LV00004B/1588
9782011945075